Meiner Tochter Angi gewidmet.

Meinem Mann, der mir bei meinen vielen Versuchen und Ausarbeitungen verschiedener Techniken beratend zur Seite stand, möchte ich an dieser Stelle meinen ganz herzlichen Dank aussprechen.

HOBBY SALZTEIG

von Isolde Kiskalt

FALKEN VERLAG

Inhalt

Gesamt- Programm

Stand: 5. 9. 1983

Hobby

Aquarellmalerei leicht gemacht. (5099) Von Thomas Hinz, 64 S., 79 Farbfotos, Pappband. — DM/Fr **12.80** S 98,-

Naive Malerei leicht gemacht. (5083) Von Felizitas Krettek, 64 S., 76 Farbfotos, Pappband. — DM/Fr **12.80** S 98,-

Ölmalerei leicht gemacht. (5073) Von Heiner Karsten, 64 S., 62 Farbfotos, Pappband. — DM/Fr **12.80** S 98,-

Zeichnen Sie mal – malen Sie mal (5095) Von Ferry Ahrlé und Volker Kühn, 112 S., 16 Farbtafeln, viele Zeichnungen, kartoniert. — DM/Fr **14.80** S 118,-

Bauernmalerei als Kunst und Hobby. (4057) Von Arbo Gast und Hannie Stegmüller, 128 S., 239 Farbfotos, 26 Riß-Zeichnungen, gebunden. — DM/Fr **36,-** S 288,-

Hobby-Bauernmalerei (0436) Von Senta Ramos und Jo Roszak, 80 S., 116 Farbfotos und 28 Motivvorlagen, kartoniert. — DM/Fr **19.80** S 158,-

Bauernmalerei – leicht gemacht. (5039) Von Senta Ramos, 64 S., 78 Farbfotos, Pappband. — DM/Fr **12.80** S 98,-

Glasmalerei als Kunst und Hobby. (4088) Von Felizitas Krettek und Suzanne Beeh-Lustenberger, 132 S., mit 182 Farbfotos, 38 Motivvorlagen, gebunden. — DM/Fr **39,-** S 312,-

Glasritzen – ein neues Hobby. (5109) Von Gerlind Mégroz, 64 S., 110 Farbfotos, 15 Zeichnungen, Pappband. — DM/Fr **14.80** S 118,-

Brandmalerei leicht gemacht. (5106) Von Klaus Reinhardt, 64 S., 68 Farbfotos, 23 Zeichnungen, Pappband. — DM/Fr **12.80** S 98,-

Töpfern als Kunst und Hobby. (4073) Von Johann Fricke, 132 S., 37 Farbfotos, 222 s/w-Fotos, gebunden. — DM/Fr **29.80** S 238,-

Arbeiten mit Ton (5048) Von Johann Fricke, 128 S., 15 Farbtafeln, 166 s/w-Fotos, kartoniert. — DM/Fr **14.80** S 118,-

Keramik kreativ gestalten (5072) Von Ewald Stark, 64 S., 117 Farbfotos, 2 Zeichnungen, Pappband. — DM/Fr **12.80** S 98,-

Fotografie – Das schöne als Ziel Zur Ästhetik und Psychologie der visuellen Wahrnehmung. (4122) Von Ewald Stark, 208 S., 252 Farbfotos, 63 Zeichnungen, Ganzleinen, mit vierfarbigem Schutzumschlag. — DM/Fr **78,-** S 624,-

Freude am Fotografieren Die neue praktische Fotoschule mit über 500 Farbfotos. (4127) Von der Fachredaktion Kodak, 312 S., über 500 Farbfotos, Pappband. — Subskript. DM/Fr **39,-** S 320,-

So macht man bessere Fotos Das meistverkaufte Fotobuch der Welt. (0614) Von Martin L. Taylor, 192 S., 457 Farbfotos, 15 Abbildungen, kartoniert. — DM/Fr **14.80** S 118,-

Schöne Geschenke selber machen (4128) Von M. Kühnle, 128 S., 278 Farbfotos, 85 farbige Zeichnungen, mit vierfarbigem Schutzumschlag. — DM/Fr **39,-** S 320,-

Schöne Sachen Selbermachen 88 Ideen zum Modellieren und Verschenken. (5117) Von Evelyn Guder-Thelen, 64 S., 73 Farbfotos, Pappband. — DM/Fr **12.80** S 98,-

Modellieren mit selbsthärtendem Material. (5085) Von Klaus Reinhardt, 64 S., 93 Farbfotos, Pappband. — DM/Fr **12.80** S 98,-

Formen Gießen und Bemalen (0639) Von H. Berger, 32. S., 46 Farbfotos, Spiralbindung. — DM/Fr **6.80** S 55,-

Hobby Seidenmalerei (0611) Von Renate Henge, 88 S., 106 Farbfotos, 28 Zeichnungen, kartoniert. — DM/Fr **19.80** S 158,-

Hobby Holzschnitzen Von der Astholzfigur zur Vollplastik. (5101) Von Heinz-D. Wilden, 112 S., 16 Farbtafeln, 135 s/w-Fotos, kartoniert. — DM/Fr **14.80** S 118,-

Holzspielzeug selbst gebaut und bemalt. (5104) Von Mathias Kern, 64 S., 103 Farbfotos, 9 Zeichnungen, Pappband. — DM/Fr **12.80** S 98,-

Marionetten entwerfen · gestalten · führen. (5118) Von Axel Krause und Alfred Bayer, 64 S., 83 Farbfotos, 2 s/w-Fotos, 40 Zeichnungen, Pappband. — DM/Fr **14.80** S 118,-

Papiermachen ein neues Hobby. (5105) Von Ralf Weidenmüller, 64 S., 84 Farbfotos, 9 s/w-Fotos, 14 Zeichnungen, Pappband. — DM/Fr **14.80** S 118,-

Origami – die Kunst des Papierfaltens. (0280) Von Robert Harbin, 160 S., über 600 Zeichnungen, kartoniert. — DM/Fr **9.80** S 78,-

Phantasieblumen aus Strumpfgewebe, Tauchlack, Papier, Federn. (5091) Von Ruth Scholz-Peters, 64 S., 70 Farbfotos, Pappband. — DM/Fr **12.80** S 98,-

Kerzen und Wachsbilder gießen · modellieren · bemalen. (5108) Von Christa Riess, 64 S., 110 Farbfotos, Pappband. — DM/Fr **12.80** S 98,-

Zinngießen leicht gemacht. (5076) Von Käthi Knauth, 64 S., 85 Farbfotos, Pappband. — DM/Fr **12.80** S 98,-

Das Herbarium Pflanzen sammeln, bestimmen und pressen. Gestalten mit Blüten, Blättern und Gräsern. (5113) Von Ingrid Gabriel, 96 S., 140 Farbtafeln, 6 farbige Zeichnungen, Pappband. — DM/Fr **16.80** S 134,-

Hobby Trockenblumen Gewürzsträuße, Gestecke, Kränze, Buketts (0643) Von Rosemie Strobel-Schulze, ca. 80 S., ca. 150 Farbfotos, kartoniert, Voraussichtl. Erscheinungstermin: April '83 — ca.* DM/Fr **19.80** S 158,-

Trockenblumen und Gewürzsträuße (5084) Von Gabriele Vocke, 64 S., 63 Farbfotos, Pappband. — DM/Fr **12.80** S 98,-

Flechten mit Bast, Stroh und Peddigrohr. (5098) Von Hanne Hangleiter, 64 S., 47 Farbfotos, 76 Zeichnungen, Pappband. — DM/Fr **12.80** S 98,-

Schmuck und Objekte aus Metall und Email (5078) Von Johann Fricke, 120 S., 183 Abbildungen, kartoniert. — DM/Fr **16.80** S 134,-

Gestalten mit Glasperlen Fädeln · Stricken · Weben. (0640) Von A. Kähler, 32 S., 53 Farbfotos, Spiralbindung. — DM/Fr **6.80** S 55,-

Makramee als Kunst und Hobby. (4085) Von Eva Andersen, 128 S., 114 Farbfotos, 157 s/w-Fotos, gebunden. — DM/Fr **34,-** S 272,-

FALKEN VERLAG

Postfach 1120 · D-6272 Niedernhausen/Ts. · Tel. 06127/3011-15 · Telex 04-186585 fves d   1

5

Materialien und Arbeitsmittel

Das Mehl

Beim Vermahlen des Getreides entstehen unterschiedliche Gewichtsmengen (Ausmahlungsgrade) bezogen auf 100 g Korn. Um diesen Ausmahlungsgrad genau feststellen zu können, wird das Mehl verbrannt und die zurückbleibende Asche, die aus Mineralien besteht, gemessen.

So enthalten beispielsweise:
100 g Weizenmehl der Type 405 = 405 mg Mineralstoffe,
100 g Roggenmehl der Type 815 = 815 mg Mineralstoffe.
Daran erkennt man, daß helles Mehl einen niedrigen Ausmahlungsgrad (niedrigen Mineralstoffgehalt), dafür aber einen hohen Stärkegrad hat. Dagegen hat dunkles Mehl einen hohen Ausmahlungsgrad (einen hohen Eiweiß-[Kleber], Mineralstoff- und Vitaminanteil).
Für die Salzteigverarbeitung eignet sich deshalb Weizenmehl besser als Roggenmehl, da durch den hohen Kleberanteil im Roggenmehl die Poren mehr aufgehen und der Trockenvorgang wesentlich länger dauert.

Das Salz

Man kann das preiswerteste Salz verwenden, sofern es nicht zu grobkörnig ist. Feines Salz läßt sich leichter verarbeiten; eventuell kann grobes Salz in einem elektrischen Zerkleinerer verfeinert werden.

TIP: Eine alte Kaffeemühle mit Messerchen kann zum Zerkleinern von grobem Salz verwendet werden. Sie sollte deshalb alt sein, weil die Messerchen durch die harten Salzkristalle stumpf werden.

6

Der Arbeitsplatz und die Hilfsmittel

Die Zimmertemperatur und die Hände sollten nicht zu warm sein (um 20° C), da der Teig sonst zu weich wird und sich schlecht bearbeiten läßt.

Bereit stehen oder liegen sollten:
Mehl (Weizen, Roggen), Salz, Wasser (kalt), Pinsel, Wellholz, Schaschlikstäbchen, Zahnstocher, Modellierstäbchen, kleines Küchenmesser, Gabeln, Taschenkamm, Backförmchen, runde und sternförmige Tüllen, Kaffeesieb, Knoblauch-presse, Schraubverschlüsse von Wasserflaschen, Teigrädchen und andere originelle Dinge, mit denen phantasievolle Muster in den Teig gedrückt werden können.

TIP: Eine Brief- oder eine Backwaage, die für kleine Mengen (20 g) geeignet ist, und ein Lineal helfen, vorgeschriebene Gewichte sowie Größen einzuhalten.

Die Salzteigmischungen

Salzteig aus Weizenmehl

Je nachdem, was modelliert werden soll, bereitet man den Teig mit mehr Mehl oder Wasser zu: Krümelt der Teig, gibt man noch Wasser hinzu, bleibt er an den Händen kleben, muß Mehl hinzugefügt werden.

Die Teil- beziehungsweise Tassenangabe ist ein Volumenmaß, das nicht mit Grammangaben gleichgesetzt werden darf:

1 Tasse Mehl wiegt etwa 100 g
1 Tasse Salz wiegt etwa 200 g

> **„Meinen Salzteig"** mische ich folgendermaßen:
> 2 Tassen Weizenmehl (etwa 200 g Weizenmehl)
> 1 Tasse Salz (etwa 200 g Salz)
> 3/4 Tasse Wasser (etwa 125 ml Wasser)

Hat man „seinen" Salzteig herausgefunden, sollte man sich dieses Rezept aufschreiben.

TIP: Bei Zugabe von etwa 1 Eßlöffel Glyzerin wird der Teig trocken-elastisch (Glyzerin bindet Wasser), sollte jedoch erst 1 Stunde ruhen – aber nicht im Kühlschrank –, bevor er verarbeitet wird.
Mit etwa 1–2 Eßlöffeln Tapetenkleister in Pulverform kann der Teig feucht-elastisch hergestellt werden. (Beide Zugaben in das Wasser geben.)

TIP: Für Kinder sollte der Teig trockener zubereitet werden, da er durch ihre warmen Hände sonst zu weich wird.

Salzteig aus Roggenmehl

Roggenmehl verleiht rustikalen Salzteigmodellen einen schönen Braunton.

Teigmischung:
3 Tassen Weizenmehl (etwa 300 g Weizenmehl)
1 Tasse Roggenmehl (etwa 100 g Roggenmehl)
2 Tassen Salz (etwa 400 g Salz)
1 1/2 Tassen Wasser (etwa 250 ml Wasser)

Salzteigmodelle aus Roggenmehl erst einige Tage (pro 1/2 cm etwa 1 Woche) an der Luft trocknen lassen; dann sehr langsam weiter im Backofen trocknen.

TIP: Die Mischung aus Weizen- und Roggenmehl ergibt einen Teig, der sich gut verarbeiten läßt. Teig, der nur aus Roggenmehl besteht, ist zu fest und läßt sich daher schwer modellieren.

Da der Teig sehr schwer ist, stimmen die Gewichtsangaben für die Modelle nicht ganz; man sollte also immer etwas mehr Roggensalzteig zubereiten.

Die Teigzubereitung

Damit der Salzteig beim Modellieren nicht reißt oder bröselig wird, muß er vor der Weiterverarbeitung gut durchgeknetet werden, bis er geschmeidig ist.

TEIGFÄRBEN

Zu der fertig gemischten Salzteigmenge aus Weizenmehl kann tropfenweise Lebensmittelfarbe gegeben werden. Wenn man nur eine Farbe herstellen will, sollte man die Farbe gleich unter das Mehl-Salz-Wasser-Gemisch mengen, ansonsten wird der fertig geknetete Teig in so viele Teile geteilt, wie man färben möchte.

TIP: Beim Teigfärben zunächst aus der entsprechenden Teigmenge eine Kugel formen und in die Mitte eine Delle drücken. Die gewünschte Menge Speisefarbe in die Vertiefung tröpfeln und den Teig vorsichtig darüber zusammendrücken. Nun so lange kneten, bis der Teigkloß gleichmäßig gefärbt ist.

Auf 100 g Teig:

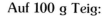

2 Tropfen Blau

5 Tropfen Rot

2 Tropfen Gelb

2 Tropfen Grün

Lila: 3 Tropfen Rot und 1 Tropfen Blau.

Für Braun genügt 1 gestrichener Teelöffel Kakao (bei Bedarf Wasser hinzufügen). Brauntöne erreicht man auch durch Hinzugabe von Instantkaffee, der vorher in wenig Wasser aufgelöst wurde.

Die Salzteigverarbeitung

Das Modellieren

Es ist empfehlenswert, gleich auf dem Backblech zu modellieren, die Rückseite des Modells
wird dadurch glatt, und es entstehen keine Schä-
den durch den Transport vom Arbeitsplatz zum
Backblech.

Das Backblech sollte zuerst mit einem feuchten
Pinsel bestrichen werden, bevor man mit dem
Modellieren beginnt, damit sich zwischen Teig
und Backblech keine Luftblasen bilden. Je dich-
ter der Teig mit dem Backblech verbunden ist,
um so glatter wird später die Rückseite.

TIP: Teigreste luft-
dicht in Alufolie oder
Plastikbehältern auf-
bewahren, aber nicht
im Kühlschrank!
Besser ist es jedoch,
wenn man nur kleine
Mengen Teig zuberei-
tet und sie am selben
Tag verarbeitet.

Das Trocknen und Backen

Eigentlich halte ich das Trocknen für das wich-
tigste Kapitel, denn wenn man es geschafft hat,
etwas Schönes zu modellieren, und durch zu
schnelles oder falsches Backen alles platzt, ist
das wirklich sehr enttäuschend.

Beim Trockenvorgang beginnt man zuerst mit
Oberhitze, bis die Oberfläche weiß ist. Sie kann
sich dann nicht mehr verformen.

Danach sollte das Backblech auf die mittlere
Einschubleiste geschoben werden. Weitere
Oberhitze wäre nur bei einer gewünschten
Bräunung nötig.

Wenn das Modell leichte Wölbungen zeigt, das
heißt sich vom Backblech nach oben „bewegt",
ist das ein Zeichen, daß die Temperatur zu hoch
ist. Schaltet man nicht zurück, erhält man Risse
auf der Rückseite des Modells.

Verschiedene Trocknungsverfahren

1. Lufttrocknen: braucht lange, kostet dafür aber keinen Strom. Die Modelle bekommen Dellen auf der Rückseite. Der weiche Teig zieht sich nach innen, weil durch den Trocknungsvorgang das Wasser gewichen ist – man rechnet für 1 mm Dicke etwa 1 Tag Lufttrocknen.

Im Sommer kann die Sonnenwärme für den Trocknungsvorgang genutzt werden. Die modellierten Teile dazu einfach in die Sonne legen.

2. Trocknen im Backofen (Weißblech): Meine Faustregel bei einer Dicke von 1/2 cm ist:

   1 Stunde bei 75° C
   1/2 Stunde bei 100° C
   1/2 Stunde bei 125° C
   1 Stunde bei 150° C

Für das Bräunen kämen noch zusätzlich 5 bis 30 Minuten bei 200° C hinzu.

Bei Teilen, die dicker sind, erhöht sich die Zeit bei 75° C pro 1/2 cm Dicke um 1 Stunde.

Beispiel:

Ist ein Teil 1,5 cm hoch, würde die Backzeit

   3 Stunden bei 75° C
   1/2 Stunde bei 100° C
   1/2 Stunde bei 125° C
   1 Stunde bei 150° C betragen.

HINWEIS: Bei Schwarzblech jeweils 25° C niedriger schalten, da das Blech heißer wird.

3. Kombiniertes Trocknen: Hierbei läßt man die modellierten Teile erst einige Tage an der Luft trocknen und setzt dann den Trocknungsvorgang im Backofen fort. Diese Art des Trocknens ist besonders günstig für dicke Teile, z.B. bei Kränzen und vergleichbaren Modellen.

4. Trocknen im Heißluftherd oder Heißluftgrill

Hier kann man nach obigen Angaben trocknen beziehungsweise backen. Die Stromkosten sind allerdings geringer, da in einem Heißluftherd mehrere Backbleche zur gleichen Zeit benutzt werden können.

Im Heißluftgrill (Tischgerät) spart man Strom, da nur ein kleiner Raum beheizt wird.

Woran erkennt man, ob die Teile durch und durch trocken sind?

Dazu mit dem Zeigefinger auf die Oberseite klopfen. Klingt es dumpf, ist das Modell innen noch feucht und sollte im Ofen bleiben; klingt es tönern, ist das Modell trocken.

Hat sich ein modelliertes Teil bereits vom Backblech gelöst, kann man es auf einen Küchenhandschuh legen und von unten beklopfen.

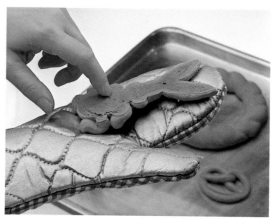

Die Trocknungszeiten für gefärbte Salzteig-modelle von 1/2 cm Dicke:

    1 Stunde bei   50° C
    1/2 Stunde bei   75° C
    1/2 Stunde bei 100° C
    1 Stunde bei 125° C

Die erste Stunde bei 50° C verlängert sich wieder je nach Dicke des Modells.

WICHTIG: Modelle aus gefärbtem Teig (außer Kakao) sollten nicht höher als bei einer Temperatur von 125° C gebacken werden, da sich sonst die Farben verändern.

HINWEIS: Mein sehr langsames Trocken- beziehungsweise Backverfahren hat den Erfolg, daß nach dieser Methode alle Teile vollkommen hart und innen trocken aus dem Ofen kommen, ohne zu reißen.

Das Bräunen

Nachdem man sich überzeugt hat, daß die Teile trocken sind, wird die Temperatur im Backofen auf 200° C geschaltet. Am besten bleibt man in der Nähe, um den gewünschten Bräunungsgrad zu erreichen. Durch das spätere Lackieren kommt die Brauntönung noch wesentlich stärker zum Vorschein.
Wenn beim Bräunen einige Stellen eines Modells schon sehr dunkel geworden sind, deckt man sie während des weiteren Vorgangs mit Alufolie ab.

TIP: Wenn man nicht sicher ist, wie weit die Bräunung fortgeschritten ist, können mit einem feuchten Pinsel vorsichtig helle und dunkle Stellen bestrichen werden. Dann sieht man, wie die Bräunung nach dem Lackieren wird.

Farbwirkung durch Backen und Glasieren

Man kann die Oberflächen der Modelle auch ohne Farben verschieden gestalten.

Gleichmäßige Farbe in Beige-Braun durch eine „Salzglasur":
Die Teile im Ofen während der letzten Stunde bei 150° C mehrmals mit Salzwasser überpinseln – bei Wunsch nach stärkerer Bräunung auf 200° C hochschalten und die Salzglasur dann bei der gewünschten Bräune herstellen.

HINWEIS: Da durch das Auflösen der Salzkristalle an der Oberfläche eine „Salzglasur" entsteht, brauchen die so behandelten Teile später kaum noch lackiert zu werden.

Der Laugeneffekt:
Die Modelle in der letzten Stunde im Backofen bei 150° C mit Rübensirup-Wasser-Gemisch überpinseln.

Aussehen wie Hefegebäck:
In der letzten Stunde im Backofen bei 150° C erst auf den Modellen eine leichte Salzglasur herstellen; dann entweder mit Milch-Wasser-Gemisch oder Eidotter-Wasser-Gemisch überpinseln. Je nach Wunsch der Brauntönung die Temperatur auf 200° C hochschalten.

Weiß: Die Oberfläche bleibt weiß beim Lufttrocknen oder beim Trocknen im Backofen bei einer Temperatur, die nicht höher als 125° C sein darf.

Milch-Wasser-Gemisch

Eidotter-Wasser-Gemisch

Das Bemalen

Um leuchtende Farben und eine glatte Oberfläche zu bekommen, sollte man die zu bemalenden Teile erst grundieren. Man kann dazu Deckweiß oder weiße Fassadenfarbe verwenden, die mit einem Borstenpinsel aufgetragen wird. Für das eigentliche Buntmalen verwendet man am besten Wasserfarben.

HINWEIS: Zeigen sich nach dem Trocknen der Farben Risse an der Oberfläche, läßt das darauf schließen, daß die Farben entweder zu dick aufgetragen wurden, oder aber, daß sich diese Farben nicht mit dem Salzteig vertragen. In diesem Falle sollte man auf andere Fabrikate ausweichen.

Das Lackieren

Es gibt verschiedene Klarlacke: dünnflüssige Lacke (z.B. Plaka Klarlack oder Zapon Lack) und dickflüssige Lacke.

Die dünnflüssigen Lacke geben dem Salzteigmodell wenig Schutz, da sie in den Teig einziehen und die Modelle deshalb mehrmals lackiert werden müssen. Allerdings kann man einen dünnflüssigen Lack verwenden, wenn man die Bräunungstöne hervorheben will, ohne einen Lackglanz zu erhalten.

Die dickflüssigen Klarlacke bieten dagegen einen hervorragenden Schutz gegen Feuchtigkeit – man muß die Modelle jedoch von allen Seiten lackieren. Wem Hochglanz nicht zusagt, der sollte einen matten Klarlack benutzen.

WICHTIG: Salzteigmodelle, die nicht ganz trocken sind, aber gelackt wurden, werden mit der Zeit unansehnlich, da sich der Lack vom Modell abhebt.

Verschiedene Gestaltungstechniken

Ausstechen mit Backförmchen

Der Teig wird mit einem Wellholz 1/2 cm dick auf der Arbeitsplatte oder gleich auf dem Backblech ausgerollt. Nun kann man beliebige Backförmchen eng aneinander in den Teig eindrücken.

Man modelliert Teile aneinander, indem diese vorher mit einem feuchten Pinsel bestrichen werden. Der Kleberanteil im Mehl kommt dadurch zur Wirkung.

Modelliert man Teile aufeinander, dann sollte immer die Rückseite des Teils mit Wasser bestrichen werden, das aufgelegt wird, da sonst beim Trockenvorgang durch Wasserflecken unterschiedliche Farbstrukturen entstehen. Wenn man ganz sicher gehen möchte, sollte das gesamte Objekt mit Wasser bepinselt werden, bevor es in den Backofen kommt.

Ausschneiden nach Schablone

Den Teig 1/2 cm dick auf der Arbeitsplatte oder dem Backblech ausrollen. Nun die vorgegebene oder selbst angefertigte Schablone auf den Teig legen und mit einem spitzen, scharfen Messer an den Schablonenrändern entlangschneiden. Die Schablone vorsichtig entfernen und die Schnittkanten zuerst mit Wasser befeuchten und anschließend mit einem Modellierstab glattstreichen.

WICHTIG: Schablonen aus Pappe mit einer Polyschutzschicht anfertigen, da sie feuchtigkeitsabweisend ist. Diese beschichtete Pappe ist im Handel als Tortenunterlage erhältlich. Teigreste auf der beschichteten Seite können mit einem Teigschaber entfernt werden.
Normale Pappe bleibt auf dem Teig haften.

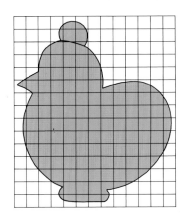

Vergrößern und Verkleinern

Über das gewünschte Motiv zunächst ein Karomuster zeichnen. Soll das Motiv verkleinert werden, zeichnet man ein entsprechend kleineres Karomuster. Dann überträgt man jeweils die Schnittpunkte des Motivs mit dem Karomuster und zeichnet die Konturen nach. Beim Vergrößern eines Motivs geht man genau umgekehrt vor.

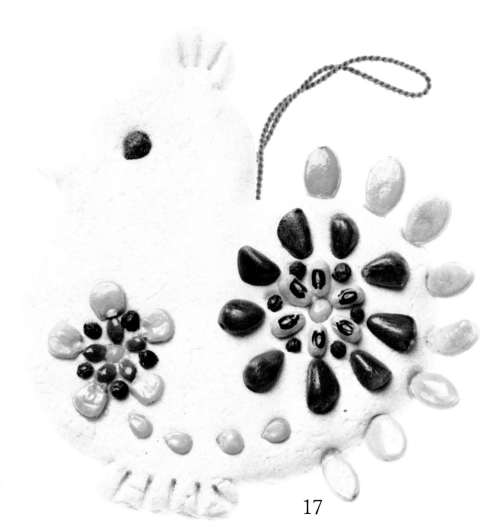

17

Das Arbeiten mit Hilfsmitteln

Mit den verschiedensten Hilfsmitteln lassen sich beim Modellieren schöne Effekte erzielen. So kann man beispielsweise mit einem **Zahnstocher** oder einem **Schaschlikstäbchen** Lochmuster in den Teig stechen. Außerdem ist es möglich, mit diesen Hilfsmitteln die Teigoberfläche aufzurauhen.

Strukturen mit Spritzbeuteltüllen

Spritzbeuteltüllen, die man in den Teig drückt, ergeben dekorative runde und sternförmige Muster.

Effekte mit dem Teesieb

Drückt man den Teig durch ein **Teesieb,** entstehen ganz feine Teignüdelchen. (Für diese Technik muß der Teig mit ganz feinem Salz zubereitet werden).

TIP: Der Teig sollte trocken-geschmeidig sein.

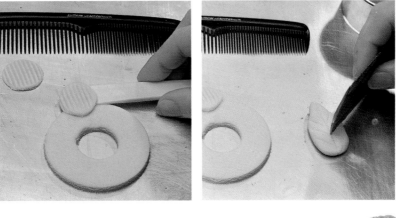

Mit dem **Kamm** lassen sich gleichmäßige Längsrippen in den Teig drücken. Dazu wird der Kamm flach auf ein Stück Teig gepreßt, aber nicht darüber gezogen. Viele kleine punktförmige Vertiefungen erzielt man durch Eindrükken der Zinkenspitzen in den Teig.

Teigschnürchen mit der Knoblauchpresse

Benutzt man anstelle eines Teesiebs eine **Knoblauchpresse,** dann entstehen spaghettiartige Teigstränge, die als Haare, Fell oder andere Muster Verwendung finden.

Das Eindrücken von Gegenständen

Durch Eindrücken von Gegenständen (z.B. Knöpfen, Gräsern) in den Teig entstehen negative Konturen.

Man kann beispielsweise Knöpfe, die ein schönes Muster haben, in den Teig drücken. Um die Knöpfe leichter wieder aus dem Teig herauszuziehen, sollte man einen Knopfstempel herstellen:

Dazu einen Holzdübel verwenden und diesen mit Pattex an den Knopf kleben. Hat der Knopf eine Schlaufe, kann man mit einem kleinen Bohrer eine Vertiefung für die Schlaufe in den Dübel bohren. Bei Knöpfen mit Löchern den Holzdübel mit so viel Pattex ankleben, daß dadurch die Löcher verschlossen werden.

Rollen, in die bereits ein dekoratives Muster eingeschnitten ist, lassen sich ebenfalls zur Oberflächenstrukturierung verwenden.

Beim Eindrücken von Gräsern, Getreide und ähnlichem, werden diese erst mit den Fingern leicht in den Teig gepreßt.

Dann die Platte mit einem Wellholz von unten (Stiele) nach oben vorsichtig und gleichmäßig ausrollen.

Die Gräser und eventuell zurückgebliebene Reste später mit einer spitzen Pinzette oder mit der Hand entfernen.

TIP: Der Teig muß trocken-geschmeidig sein, damit die Konturen deutlich zu sehen sind.

Das Eindrücken von Teig

Drückt man den Teig in einen ausgehöhlten Gegenstand (Holzmodel oder ähnliches), entstehen im Teig – beim Herausnehmen – Erhöhungen: Positive.

Arbeitet man mit Holzmodeln, sollte der Teig mit feinem Salz zubereitet werden, um die Konturen besser sichtbar zu machen. Man mehlt die Model mit einem Pinsel leicht ein und drückt dann von einer Seite ausgehend den Teig fest hinein. – Beim Ablösen des Teiges aus den Modeln sehr vorsichtig arbeiten!

Man kann auch umgekehrt arbeiten und den gleichen Effekt erzielen; außerdem ist diese Methode einfacher:

Dazu den Teig 1 cm dick ausrollen, das Model fest daraufdrücken – vorher natürlich erst mit Mehl auspinseln – und das Model vorsichtig wieder abheben. Die Ränder anschließend mit

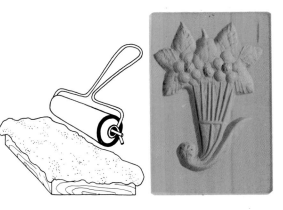

einem scharfen Messer ganz geradeschneiden. Das Model hinterher mit Wasser und einer weichen Bürste säubern. Bei Zimmertemperatur – nicht auf der Heizung! – trocknen.

Die Ausgießformen für Häuser und vieles mehr können auch verwendet werden, wenn sie nicht zu tiefe Muster haben.

TIP: Aus Fimo kann man sich Positive und Negative selbst herstellen. Diese Formen sind nach dem Backvorgang für lange Zeit verwendbar.

Das Herstellen von Teigsträngen

Die geschlossenen Hände werden in die Mitte auf ein in Rolle gebrachtes Teigstück gelegt.

Dann rollt man den Teig hin und her und spreizt dabei die Finger nach außen.

Wenn man bei einem Kranz einen bestimmten Durchmesser haben möchte, wird dieser mit 3 multipliziert.

Beispiel:
Der Durchmesser des Kranzes soll 15 cm betragen
15 x 3 = 45
Die Teigstränge müssen ungefähr 45 cm lang ausgerollt werden.

TIP: Den Teig zum Ausrollen aus mehr Mehl und eventuell einem Zusatz von Tapetenkleister herstellen, damit er sehr geschmeidig ist und nicht reißt.
3 Tassen Mehl (etwa 300 g), 1 Tasse Salz (etwa 200 g), 3 Eßlöffel Tapetenkleister und 175 ml Wasser.

Der geflochtene Kranz

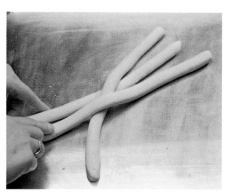

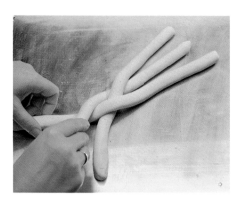

Ein geflochtener Kranz besteht aus 3 gleich langen Teigsträngen. Diese zuerst parallel nebeneinander auf die Arbeitsfläche legen und anschließend den linken Strang über die Mitte des mittleren Stranges legen.

Nun den rechten Teigstrang – ebenfalls von der Mitte her – über den linken Strang legen.

Anschließend die untere Hälfte des Zopfes flechten und zum Schluß die obere Hälfte fertigstellen.

HINWEIS: Dadurch, daß man beim Flechten eines Zopfes in der Mitte beginnt, erhält man ein gleichmäßigeres Ergebnis. Fängt man mit dem Flechten der Stränge am oberen Ende an, kann es passieren, daß die Teigstränge einreißen, da sie sehr oft hin- und herbewegt werden müssen.
Soll aus den geflochtenen Teigsträngen ein Kranz hergestellt werden, kann man hierbei wie beim geschlungenen Kranz (siehe Seite 24) vorgehen.

Der geschlungene Kranz

Ein geschlungener Kranz besteht aus 2 gleich langen Teigsträngen.

Man legt die beiden Stränge in der Mitte über Kreuz; von da aus werden sie jeweils nach außen geschlungen.

Das Schließen des geschlungenen Kranzes

Alle 4 Enden gerade schneiden, anfeuchten und zusammendrücken.

Oder: Die Teigstränge durch Verjüngen der Strangenden miteinander verbinden.

Dazu das Ende eines Strangs nach unten hin schräg abschneiden und den entsprechenden Strang am anderen Ende nach oben abschrägen. Mit Wasser befeuchten und aufeinanderdrücken.

HINWEIS: Diese beiden Methoden zum Schließen von Kränzen lassen sich ebenfalls auf den geflochtenen Zopf (Seite 22) anwenden. Entweder schneidet man hierbei – das ist die einfachste Methode – alle 6 Enden gerade, feuchtet diese an und drückt sie zusammen, oder man verjüngt die einzelnen Strangenden (siehe Schritt-für-Schritt-Fotos rechts). Dies ist zwar komplizierter, garantiert aber einen besseren Halt.

Beim zweiten Teigstrang ebenso arbeiten. Diese Methode dürfte die Kränze am besten zusammenhalten.

Isolde Kiskalt

Das Herstellen von Blättern

Um gleichmäßige Blätter herzustellen, sollte man von einer Teigrolle gleich große Scheiben abschneiden. In der Hand werden sie dann verknetet und zwischen den Händen zu Kügelchen gerollt.

Die Teigkügelchen anschließend auf den Arbeitstisch legen und plattdrücken.

Mit dem Zeigefinger und dem Daumen wird die Spitze modelliert. Nun kann man mit einem Modellierstäbchen die Blattrippen hineindrücken.

26

Das Herstellen von Blüten

TIP: Stellt man mehrere gleichartige Blüten her, ist es ratsam, aus einer Teigrolle gleich dicke Scheiben abzuschneiden und daraus die Blütenblätter zu formen.
Eine andere Möglichkeit ist, den Teig auszurollen und die Scheiben mit kleinen runden Backförmchen auszustechen.

Aus gleich großen Kügelchen lassen sich einfache Blüten herstellen, indem man die Kügelchen aneinanderreiht und – je nach Wunsch – in die Mitte mit einem Zahnstocher ein Loch pikst.

Aus 5 gleich großen Blättern, die man aneinanderlegt, läßt sich ebenfalls eine Blüte herstellen.

Aus 3 gleich großen Kügelchen je eine Scheibe drücken und diese versetzt aneinanderlegen.

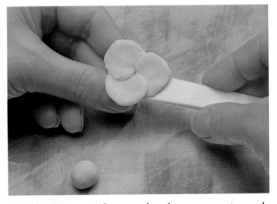

Soll die Blüte größer werden, kann man sie auch aus 5 versetzt aneinandergelegten Teigscheiben herstellen.

Rosen aus Salzteig

Rosen aus einem Teigband

Ein Teigband mit 6 cm Länge und etwa 1 bis 1,5 cm Breite mit einem Wellholz herstellen. Das Band in die Innenhand legen und von den Fingerspitzen her aufrollen.

Man kann, nachdem die Mitte entstanden ist, den Rest des Bandes locker und nach oben offen darumlegen (in den unteren Teil eventuell Falten legen).

HINWEIS: Die Rosen sehen dekorativ aus, wenn man sie aus dünn ausgerolltem Teig herstellt. Die Länge des Teigbandes dabei je nach Größe des zu dekorierenden Objektes wählen.

Rosen aus Teigscheiben

Eine Rose kann man auch aus 4 kleinen und 5 großen Blättern beziehungsweise Scheiben herstellen.

Ein kleines Blatt zusammenrollen. Um dieses die 3 anderen kleinen Blätter versetzt anordnen.

TIP: Bei den Rosen aus Teigscheiben kann man auch bereits nach den ersten 4 kleinen Blättern mit dem Modellieren aufhören. Die entstandene Rose wird jedoch kleiner.

Bei dieser Technik der Rosenherstellung lassen sich Größenveränderungen zusätzlich dadurch erreichen, daß man größere Ausstechförmchen wählt. Dann sollte der Teig aber nicht zu dünn ausgerollt werden, da die einzelnen Blätter sonst keinen ausreichenden Stand haben.

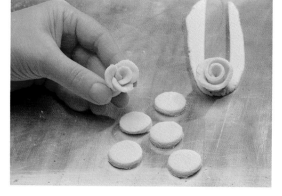

Hier wurden die restlichen 3 kleinen Teigscheiben bereits angeordnet.

Die 5 großen Blätter werden kranzförmig und versetzt um die inneren Blätter angeordnet.

Modellanregungen

Ausgestochene Formen

> **HINWEIS:** Ist bei den Zutaten nur „Teig" angegeben, so geht man von der Grundmischung aus.
> 2 Tassen Mehl = 200 g
> 1 Tasse Salz = 200 g
> 3/4 Tasse Wasser = 125 ml

Modellieren:

Der Teig wird etwa 1 cm dick ausgerollt, eventuell gleich auf das Backblech, und mit Backförmchen ausgestochen.

Verzierungen können nun mit einem Zahnstocher, Strohhalm oder ähnlichem eingedrückt werden.

Für den Aufhänger sollte ein Loch mit einem Strohhalm ausgestochen werden. Den Strohhalm im Loch belassen, damit die Öffnung erhalten bleibt.

Nach 1 Stunde Backzeit den Strohhalm herausziehen.

Variationen:

Verschieden groß ausgestochene Teile aufeinandersetzen, die Unterseite des kleinen Formstückes mit feuchtem Pinsel bestreichen und aufsetzen.

Muster aus Nelken, Pfefferkörnern, Senfkörnern, Spritzbeuteltüllen, Knopfstempel (siehe Arbeiten mit Hilfsmitteln).

Stroh- beziehungsweise Trockenblumen können auch gleich darauf modelliert werden. Die Backtemperatur von 125° C sollte dabei nicht überschritten werden, da sonst die Farben darunter leiden.

Kleine Anhänger werden mit Plätzchenförmchen ausgestochen.

Verzierungen können aus Teig, Gewürzen und Glimmer hergestellt werden.

TIP: Den Rand der ausgestochenen Teile mit einem nassen Pinsel gut bestreichen, damit man mit dem Modellierstäbchen nachglätten kann. Die Schnur für den Aufhänger kann man je nach Modell gleich mithinein modellieren.

Kränzchen und Herzchen

Man nimmt 50 g Teig für kleine Kränzchen oder Herzchen von 6 cm Durchmesser.
Die Teigstränge werden 18 cm lang ausgerollt und zu einem Kranz geschlungen.
Die Herzchen entstehen durch Eindrücken an der Nahtstelle.
Man kann die Verzierungen aus Teig oder Trockenblumen gleich mitmodellieren oder nach dem Backvorgang gestalten.

Um aus einem geschlungenen Kranz ein Herz zu formen, drückt man den Kranz an der Nahtstelle nach innen und formt mit Zeigefinger und Daumen die Einkerbung für das Herz.

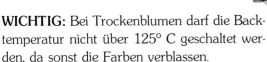

WICHTIG: Bei Trockenblumen darf die Backtemperatur nicht über 125° C geschaltet werden, da sonst die Farben verblassen.

Phantasie-vogel

Größe: 15 x 16 cm

Den Teig 1 cm dick ausrollen und nach Schablone ausschneiden. Die Ränder mit einem nassen Pinsel glätten. Mit einer Wacholderbeere das Auge markieren.

Aus haselnußgroßen Teigkugeln wird die erste Reihe für den Schwanz hergestellt. In diese Teigkugeln mit einem Strohhalm oder runden Modellierstäbchen Löcher stechen.

In die Zwischenräume der großen Kugeln kann man nun kleine, erbsgroße Kügelchen anbringen und mit einem Strohhalm kleine Muster eindrücken.

Die weitere Gestaltung kann man variieren, indem man mit Kernen Muster legt. Hierfür muß der Untergrund vorher befeuchtet werden.

HINWEIS: Beim Modellieren des Schwanzes muß besondere Sorgfalt auf das Befeuchten gelegt werden, da sonst die Kügelchen wieder abfallen.

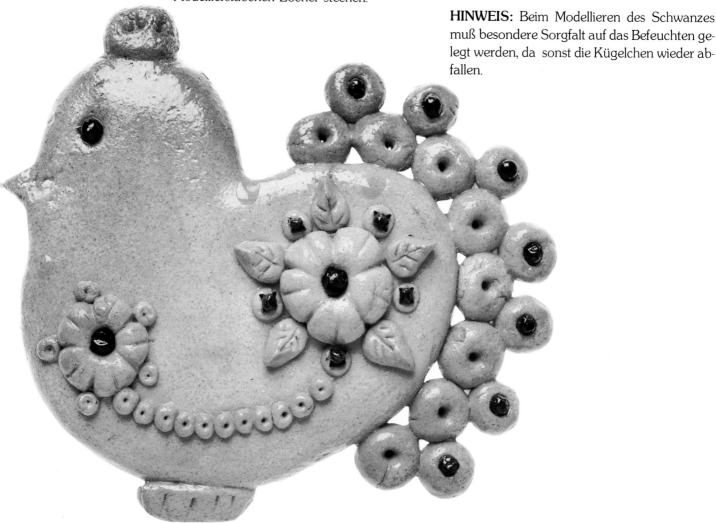

Herz mit Teigapfel

Weitere
Variationen
sind Medaillon-
und Blütenformen.

Größe: 15 x 14 cm

Den Teig ausrollen und nach der Schablone ausschneiden. Den Restteig für die 3 Blätter und den Apfel zurückbehalten.

Die Ränder mit einem nassen Pinsel bestreichen und mit einem Modellierstäbchen glätten.

Die Mitte des Herzens kennzeichnen (kleine Delle mit dem Finger drücken) und um diese Mitte drei Blätter gruppieren.

Den Apfel als Kugel daraufsetzen. Durch das Eindrücken der beiden Nelken entsteht die eigentliche Apfelform. (Oben die Nelkenblüte hineinstecken, damit der Stiel herausschaut, und unten den Stiel hineindrücken, damit die Blüte sichtbar ist.)

Mit einer Sterntülle kann der Herzrand verziert werden, indem man kleine Sternchen hineindrückt.

Die Vögel nach der Schablone in Form bringen. Sie erhalten ein Pfefferkornauge und können in die Mitte des Körpers ein Pfefferkornmuster gelegt bekommen.

Herzchenstövchen

Man rollt den Teig für die Grund- und die Deckplatte auf dem Backblech 1 cm dick aus.

WICHTIG: Die Deckplatte muß einen größeren Durchmesser als die Grundplatte haben, da der „Herzchenmantel" um die Grundplatte gelegt wird.

In die Deckplatte wird ein Luftloch für die Kerze gestochen.

Die Seitenwand (Herzchenmantel) wird 1 cm dick ausgerollt. Die Länge richtet sich nach dem Durchmesser bzw. der Außenkante der Grundplatte. Die Höhe beträgt 6 cm.

Man kann Muster mit kleinen Ausstechförmchen in den Teig stechen.

Die Seitenwand kann mit Hilfe eines verstellbaren Tortenringes, den man von außen anlegt, abgestützt werden.

Stövchen

Der Teig wird auf dem Backblech 1 cm dick ausgerollt.

Man braucht für das Stövchen:

2 Platten von je 15 cm Durchmesser,
7–8 Platten von 6 cm Durchmesser.

In eine der großen Platten wird ein Loch von 6 cm Durchmesser gestochen (Luftloch für die Kerze).

In die kleinen Platten wird je ein Loch von 2 cm Durchmesser gestochen (kleines rundes Backförmchen).

Die Oberfläche wird mit einem Modellierstäbchen von innen nach außen aufgeritzt.

Fertigstellung:

Mit einem Komponentenkleber werden die kleinen Platten auf die Grundplatte geklebt und seitlich miteinander befestigt.

HINWEIS: Das Stövchen sollte als Lichteffekt, nicht aber unbedingt als Gebrauchsgegenstand verwendet werden.

Brezel

Größe: 8 x 10 cm
Den Teig gut durchkneten und auf 42 cm ausrollen, wobei die Mitte dicker gelassen wird.

Nun eine Brezel formen und die Enden auf die Brezel drücken.

Das dicke Teil mit einem spitzen Messer einschneiden.

Variation:
In der letzten Backstunde die Brezel mit Rübensirup-Wasser-Gemisch gleichmäßig bestreichen, den Schlitz weiß lassen. Durch Erhöhen der Temperatur kann man die „Laugenbräune" intensiver herstellen.

WICHTIG: Da der Rübensirup wasseranziehend ist, muß man besonders auf die vollkommene Trocknung achten, bevor man die Brezel lackiert.

Frühstückskörbchen:

Größen der einzelnen Teile:
Brezel: 6 x 7 cm, Teigmene 40 g – ausrollen auf 28 cm.
Brötchen: Durchmesser 5 cm, Teigmenge 40 g, große Sterntülle.
Mohnstange: 12 cm lang, Teigmenge 40 g, aus einem Dreieck von 14 x 7 cm aufrollen, die Spitzen etwas einstecken.

Brotkranz

TIP: Die Brötchen, Brezeln und Brote zwar gleich mitmodellieren, aber separat auf das Backblech und nicht gleich auf die Teigblätter legen. Man kann sie später mit Pattex ankleben.

Variation: Den Teigkranz aus braungefärbtem Teig herstellen und die Blätter, Brote usw. aus weißem Teig darauf modellieren. Die Brezeln kurz vor Ende der Backzeit mit Rübensirup bepinseln.

Getreidekranz

Man stellt aus 300 g Teig einen Kranz von 16 cm Durchmesser her, dazu werden die Teigstränge jeweils 48 cm ausgerollt.
Nachdem der Kranz fertig gebacken und lakkiert ist, wird eine Borde von 50 cm Länge um den Kranz geknotet.
Die Grundbasis besteht aus Weizen, Gerste und Hafer und wird auf den Kranz geklebt (bei Bedarf die Ähren abstützen).

Aus 50 cm Borde näht man eine Schleife mit Bändel und klebt sie auf die Grundbasis.
Mit feinen Gräsern, Trockenblumen usw. kann man die weitere Gestaltung fortsetzen.
Zuletzt werden kleine Brötchen und Brezel, evtl. mit Mohn und Sesam bestreut, auf dem Trockengesteck verteilt und aufgeklebt.

TIP: Einen tropffreien Kleber verwenden.

Salzteigobjekte – kombiniert mit Natur- materialien

Haferkranz

Für die Herstellung des Haferkranzes wird zunächst als Untergrund ein Gestell aus Blumendraht vorbereitet.

Anschließend können die Haferspitzen dicht darauf befestigt und mit kleinen Brezeln, Brötchen und Zöpfen aus Salzteig beklebt werden.

Variation: Ein solcher Kranz läßt sich auch aus verschiedenen Getreidesorten binden.

Gräser, die man zusätzlich mit Strohblumen als farblichem Kontrast kombiniert, eignen sich ebenfalls.

Weihnachtsdekorationen

Fenster- und Christbaumdekorationen, kleine
und große Kerzenhalter, Päckchen-
anhänger oder passende Geschenke
zur Adventszeit lassen sich in allen
Techniken aus Salzteig basteln.

Besonders hübsch – und dem festlichen Anlaß entsprechend – sind Farbwirkungen mit Goldfarbe.
Auf ausgestochene Formen kann man kleine Weih-
nachtsmotive modellieren oder aus dünnen Teigsträngen Sterne oder Eiskristalle zusammensetzen.

Kerzenhalter sind einfach zu formen, da mit der Kerze einfach
nur die passende Vertiefung in den weichen Teig gedrückt wird.

Osterdekorationen

Osterhäschen

Größe: 12 cm Höhe
Den Teig für den Bauch kneten und zur Kugel formen – zwischen den Handflächen leicht plattdrücken.
Den Kopf, die Arme und Füße im gleichen Prinzip arbeiten.

Mit einem feuchten Pinsel die Ansatzstellen bestreichen und die Teile miteinander verbinden. Die Ohren etwa 4 cm lang modellieren und am Kopf anbringen. Zwischen Ohren und Kopf ein Loch für den Aufhänger anbringen. Ein Stück Strohhalm hineinstecken und die ersten beiden Backstunden stecken lassen, dann herausziehen.

Variation: bemalen, teilweise bemalen oder mit Möhre, aus einem haselnußgroßen Teigstück geformt, schmücken.

Griechisches Osternest

Größe 10 x 15 cm
Man rollt aus 220 g Teig einen Teigstrang von 70 cm und schlingt ihn nach Abbildung.

HINWEIS: Nach griechischer Tradition legt man ein rotes Osterei hinein.

Apfel

Größe: 6 x 4 cm
Den Teig kneten und daraus eine
Kugel formen. Mit dem Daumen
oben und unten eindrücken.
Eine kleine Teigrolle herstellen und
als Stiel in die obere Vertiefung setzen
– vorher mit einem feuchten Pinsel die
Vertiefung bestreichen.
Eine kleine Kugel von 1 cm Durchmesser an-
fertigen und daraus ein Blatt modellieren. Am
Apfelstiel so anbringen, daß ein kleines Loch für
einen Aufhänger entsteht.

Variationen:
Den Apfel bemalen, vor dem Ende der Backzeit
– bei 150° C – mit einem Milch-Wasser-Gemisch
bestreichen, evtl. den Ofen auf 200° C hochschalten und die Bräunung überwachen.

Mäuschen

Größe 6 x 4 cm
Aus 50 g Teig eine Kugel formen.
Mit dem Daumen und Zeigefinger ein Ende für
das Schnäuzchen eindrücken.
Mit einem Zahnstocher die Augen und Nase
markieren.

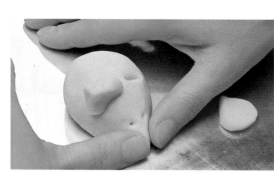

Die Ohren aus
2 haselnußgroßen
Kugeln herstellen.
Nun mit dem Model-
lierstäbchen 2 Ker-
ben für die Ohren rit-
zen, mit dem feuch-
ten Pinsel bestreichen
und die Ohren je-
weils in die Kerben
setzen.
Für das Schwänz-
chen eine Vertiefung
stechen. Die Schnur
etwas ins Wasser hal-
ten und dann mit
dem nassen Teil in
die vorgegebene Ver-
tiefung stecken, evtl.
mit dem Zahnstocher
nachhelfen.

Kleines dickes Herz

Größe: 6 x 6 cm
Den Teig gut kneten und in den Händen zu einer Kugel rollen.
In den oberen Teil mit dem Daumen eine Vertiefung drücken.
Die Spitze entsteht durch Zusammendrücken des Teiges mit Daumen und Zeigefinger.

Viele kleine Figuren lassen sich einfach modellieren. Als Glücksbringer oder Setzkastenfiguren sind sie nette und liebenswerte Mitbringsel.

Vögelchen

Man formt aus 100 g Teig eine Kugel und modelliert daraus das Vögelchen.
Der Teig für das Vögelchen sollte trocken und elastisch sein.
Langsames Trocknen ist erforderlich, da sonst Risse entstehen. Am günstigsten ist es, wenn man das kombinierte Trockenverfahren – Luft/Backofen – anwendet.

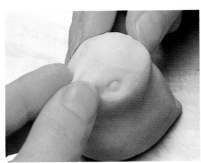

Salzteig –
die ideale Modelliermasse für Kinder

Zirkus

Die Figuren für den Zirkus werden aus gefärbtem Teig modelliert.

Zur Versteifung der anmodellierten Teile benutzt man eingeweichte Zahnstocher.

Die Trocknung für diese dicken Salzteigmodelle muß erst einige Tage an der Luft erfolgen.

WICHTIG: Die Figuren müssen in mehreren horizontalen Etappen gestaltet werden, da sie sonst unter dem Gewicht des Salzteiges zusammengedrückt werden.

Die Temperatur darf im Backofen 125° C nicht überschreiten, da sich sonst die Farben verändern.

Bäume

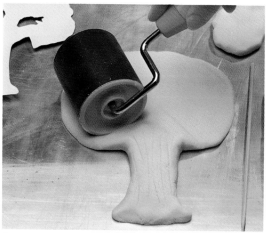

Den Baum in einem Stück arbeiten, wobei zuerst der Stamm geformt wird; der obere Teil wird mit einem Wellholz ausgerollt.

Schäfchen

Den Teig 3 mm dick ausrollen, dann Schablone ausschneiden und die Ränder mit einem Modellierstäbchen glätten.

Den Bereich, der mit „Wolle" aufgefüllt wird, mit einem feuchten Pinsel bestreichen.

Mit Hilfe einer Knoblauchpresse etwa 3 Füllungen Teigwolle auf dem Schäfchen verteilen – die Beine werden frei gelassen.

Mit einem Zahnstocher die Augen und Ohren markieren.

Ein kleines Ohr formen und in das vormarkierte Loch setzen.

Variation:

Herstellen einer Heidschnucke (brauner Körper mit weißer Wolle).

Die Äste mit Hilfe der Schablone ausschneiden.

Die Baumkrone wird entweder mit Teig aus einer Knoblauchpresse gestaltet oder durch unterschiedlich dicke Teigstücke, die mit einem Schaschlikstäbchen aufgerauht werden.

Variationen:
Den Baum bemalen und mit kleinen Strohblümchen verzieren.
Kleine Kirschen aus Teig auf die aufgerauhte Baumkrone legen.

53

Schäfer-szene

Naturbelassen oder farbig bemalt, lassen sich aus Tieren, Bäumen und Figuren ganze Bilder zusammenstellen.
Kleine zusätzliche Dekorationen, wie Zäune oder Wiesenstücke, erhöhen diese Wirkung noch.
Als Hintergrund für solche kleinen Salzteigbilder eignen sich fertig gerahmte und mit grobem Sackleinen bezogene Pinnwände sehr gut.

55

Das Herstellen von Puppen

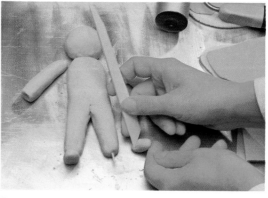

Beim Herstellen von Puppen fängt man mit dem Körper an, der kegelförmig modelliert wird.

Den unteren Teil schneidet man gleichmäßig ein, um daraus die Beine zu gestalten.

Nun werden eingeweichte Zahnstocher zur Festigung der Übergänge zwischen dem Kopf und dem Körper und je 1/2 Zahnstocher zwischen die Füße und Beine gesteckt.

Die Arme werden zur Hand hin breiter modelliert und je nach Modell gleich angebracht oder erst mit der Bekleidung.

Die Füße werden aus 2 gleich großen Teigkügelchen modelliert. Man kerbt diese im hinteren Drittel leicht mit einem Modellierstäbchen ein, biegt den vorderen Fußteil etwas hoch und schiebt das hintere Drittel anschließend auf den Zahnstocher.

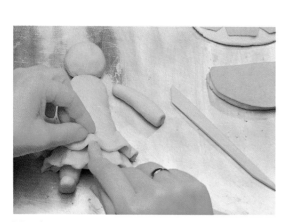

Nun beginnt man mit dem Aufbau des Rüschenkleides.

Zur Unterfütterung wird ein Unterrock über die Beine gelegt, auf den die Rüschen von unten nach oben modelliert werden.

Nun können die Arme an den Körper modelliert werden. Sie erhalten zur besseren Anwinklung mit dem Modellierstäbchen zwei Kerben in der Ellenbeuge.

Die Hände formt man aus einer kleinen Kugel, die man in Handform bringt (z.B. wie Fausthandschuhe). In den dickeren, unteren Armteil wird mit dem Modellierstäbchen ein kleines Loch gebohrt, in das die Hand ein Stückchen hineingeschoben wird. Mit dem Modellierstäbchen drückt man die Hand vorsichtig wieder fest.

Herstellen von Kleidern

Wenn man die Grundform der Puppen gestaltet hat und sie bekleiden möchte, stellt man aus Papier einen Schnittbogen her.

Man nimmt ein Stück Papier und hält es auf die Puppe, um die Größenumrisse auszuschneiden. Dabei ist zu beachten, daß man für den Hals- und Armausschnitt genügend Papier ausschneidet.

Dann legt man den Schnitt auf dünn ausgerollten Teig und schneidet diesen aus.

(Für die Bekleidung darf der Teig nicht zu weich sein, da man sonst keine Falten und Aufschläge legen kann.)

Man kann unter Umständen die Falten mit einer Spritzbeuteltülle stützen, bis sie angetrocknet sind und die Form behalten.

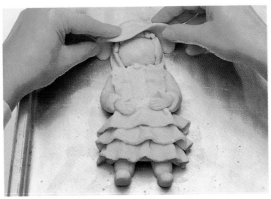

Die beiden Längsrüschen werden über die Schulter bis zur Taille angebracht.
Die Haare können nach Schablone ausgeschnitten werden. Die Haarstruktur kann man mit einem kleinen Küchenmesser einschneiden.

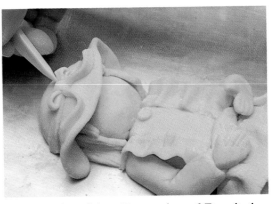

Der Hut wird nach Schablone ausgeschnitten, wobei darauf zu achten ist, daß der hintere Teil des Hutes dicker belassen wird.

Die Schleife auf dem Hut wird aus 6 Einzelteilen zusammengestellt:
Man legt ein schmales, dünnes Band über den Hut, in die Mitte legt man nach rechts und links eine Schleife und zwei hochkant stehende Bänder, die spitz angeschnitten werden. Über diese Teile wird zum Schluß der Knoten gelegt.

Eine kleine Puppenparade

Körbchen

Größe: 14 x 15 cm
Aus 120 g Teig wird der Korbbauch geformt.
Aus 50 g Teig werden 2 Teigrollen von je 17 cm
Länge gerollt, miteinander verschlungen und
als Griff an das befeuchtete Körbchen gedrückt.
Nun eine Teigrolle von 1,5 cm Durchmesser herstellen und für die Äpfel
5 x 1,5 cm dicke Teigstücke zu
Kugeln rollen und mit Nelken
– wahlweise als Blüte
oder Stiel – ver-
sehen.
Für die Blätter
5 x 1 cm lange
Teigstücke ab-
schneiden und
zu Blättern mo-
dellieren.

Mit einem Lineal
Hilfslinien in den
Korb drücken. Das
Korbmuster entsteht,
indem 2 Gabeln in
die Rillen gestellt
werden, mit denen
man den Teig
zusammendrückt.

Nun 2 Rosen
herstellen und auf
die Blätter setzen.
Die Trauben werden aus
vielen kleinen Kügelchen
zusammengestellt.

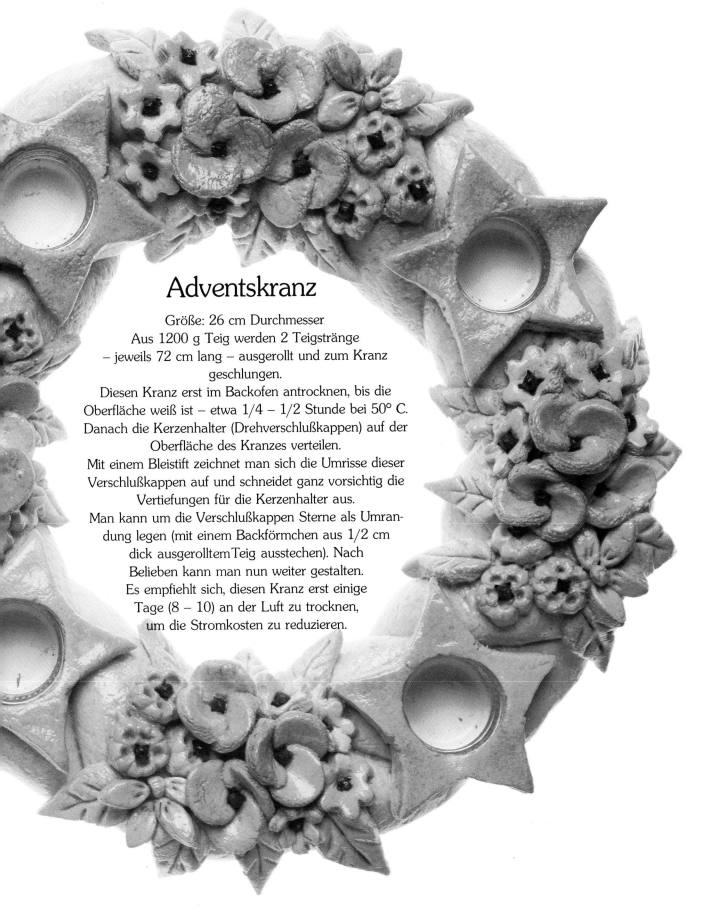

Adventskranz

Größe: 26 cm Durchmesser
Aus 1200 g Teig werden 2 Teigstränge
– jeweils 72 cm lang – ausgerollt und zum Kranz
geschlungen.

Diesen Kranz erst im Backofen antrocknen, bis die
Oberfläche weiß ist – etwa 1/4 – 1/2 Stunde bei 50° C.
Danach die Kerzenhalter (Drehverschlußkappen) auf der
Oberfläche des Kranzes verteilen.

Mit einem Bleistift zeichnet man sich die Umrisse dieser
Verschlußkappen auf und schneidet ganz vorsichtig die
Vertiefungen für die Kerzenhalter aus.

Man kann um die Verschlußkappen Sterne als Umran-
dung legen (mit einem Backförmchen aus 1/2 cm
dick ausgerolltem Teig ausstechen). Nach
Belieben kann man nun weiter gestalten.
Es empfiehlt sich, diesen Kranz erst einige
Tage (8 – 10) an der Luft zu trocknen,
um die Stromkosten zu reduzieren.

61

Plastische Wandbilder,
farbig bemalt, sind
besonders begehrte
Mitbringsel, wenn man
das Motiv nach dem
Anlaß gestaltet.

Der Salzteig wird durch die
farblose Lackierung für viele
Jahre haltbar gemacht,
so daß der Adventskranz
jedes Jahr zur Vor-
weihnachtszeit zu einer
stimmungsvollen
Atmosphäre beiträgt.

In bäuerlicher Tradition

Die natürlichen Farben von Figuren
und Korb unterstreichen den Charakter
bäuerlicher und rustikaler Möbel.

67

Eine besondere Gemütlichkeit verbreiten diese Dekorationen,
denn die üppigen Formen bringen die warme Farbe des Teigs
sehr gut zur Geltung.

69

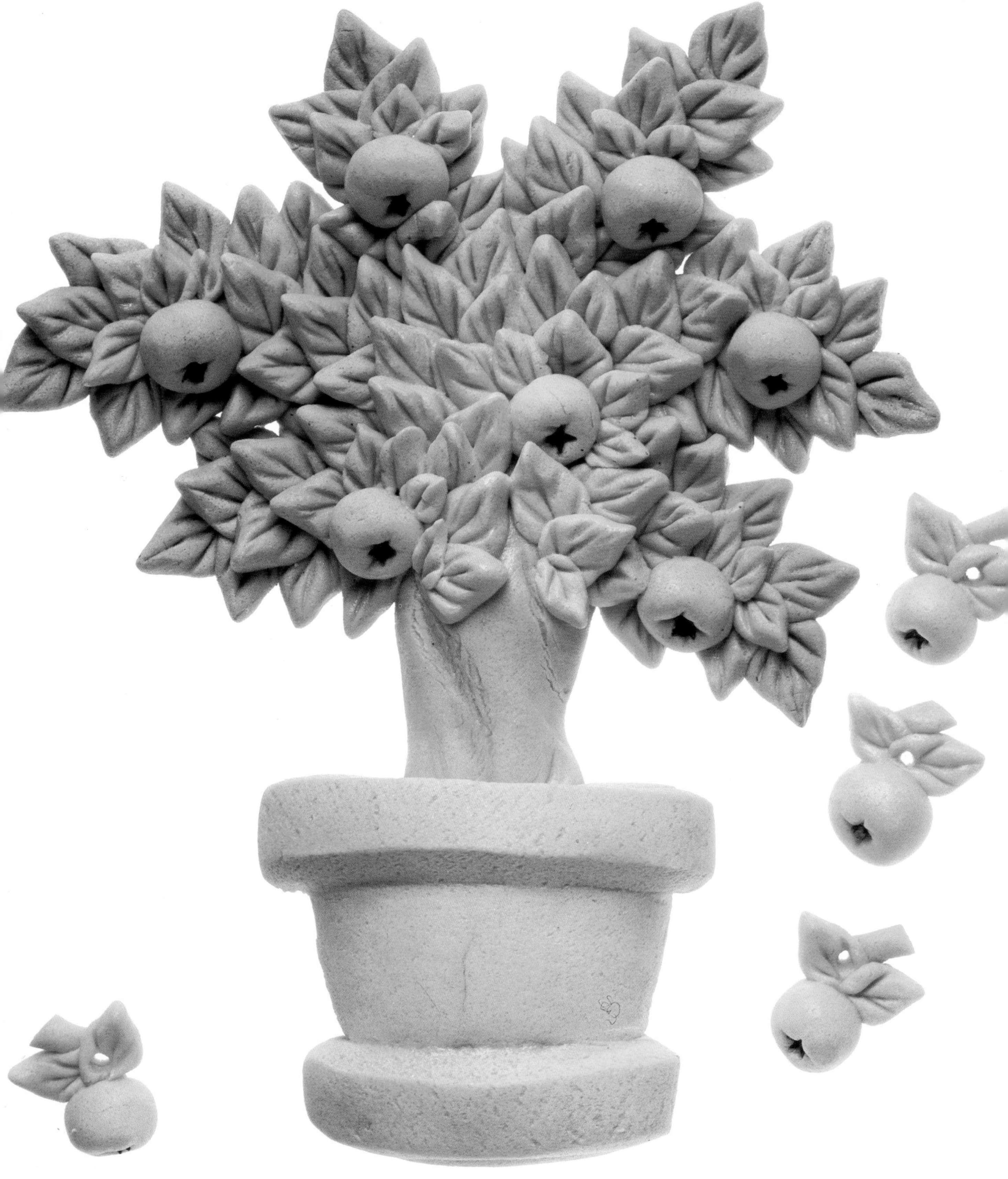

Einzelne Motive lassen sich zu hübschen Wanddekorationen
zusammenstellen.
Nach und nach können Sie Ihre Arbeiten ergänzen.

Motive aus der
Märchen- und Tierwelt

Märchenmotive und Tiere bieten
unerschöpfliche Anregungen.
Als plastische Wandbilder sind sie
eine phantasievolle Alternative
zu Postern und Comics.

Schablonen

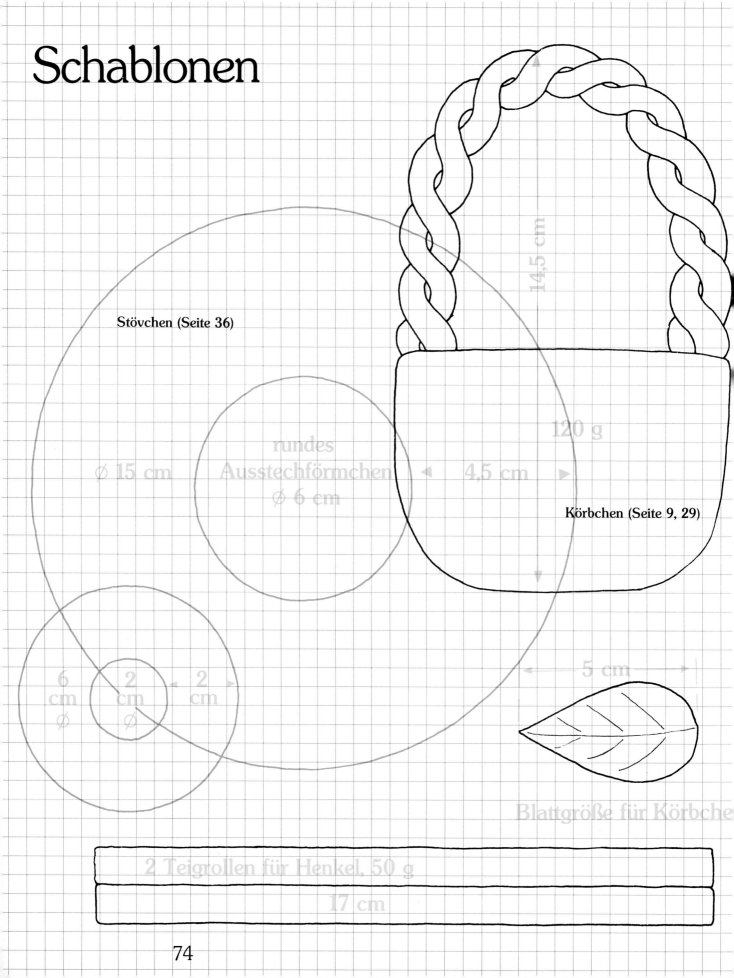

Stövchen (Seite 36)

14,5 cm

rundes
Ausstechförmchen
∅ 6 cm

∅ 15 cm

120 g

4,5 cm

Körbchen (Seite 9, 29)

6
cm
∅

2
cm
∅

2
cm

5 cm

Blattgröße für Körbche

2 Teigrollen für Henkel, 50 g

17 cm

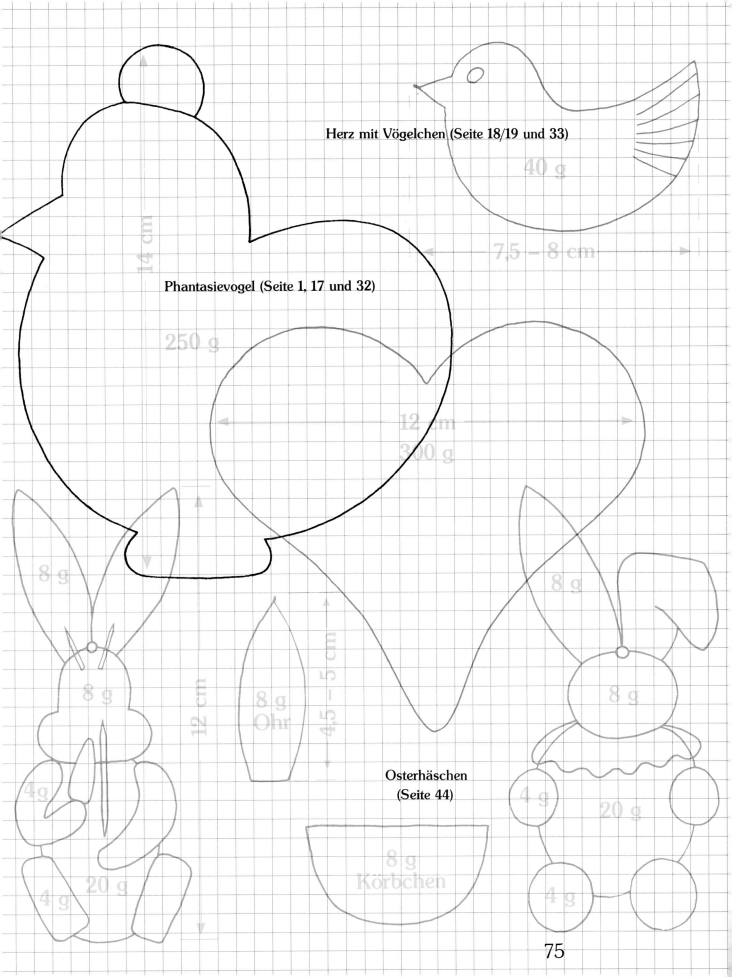

Herz mit Vögelchen (Seite 18/19 und 33)

40 g

7,5 – 8 cm

Phantasievogel (Seite 1, 17 und 32)

14 cm

250 g

12 cm

300 g

8 g

8 g

12 cm

4,5 – 5 cm

8 g
Ohr

Osterhäschen
(Seite 44)

8 g

8 g

8 g

4 g

4 g

20 g

8 g
Körbchen

4 g

4 g

20 g

20 g

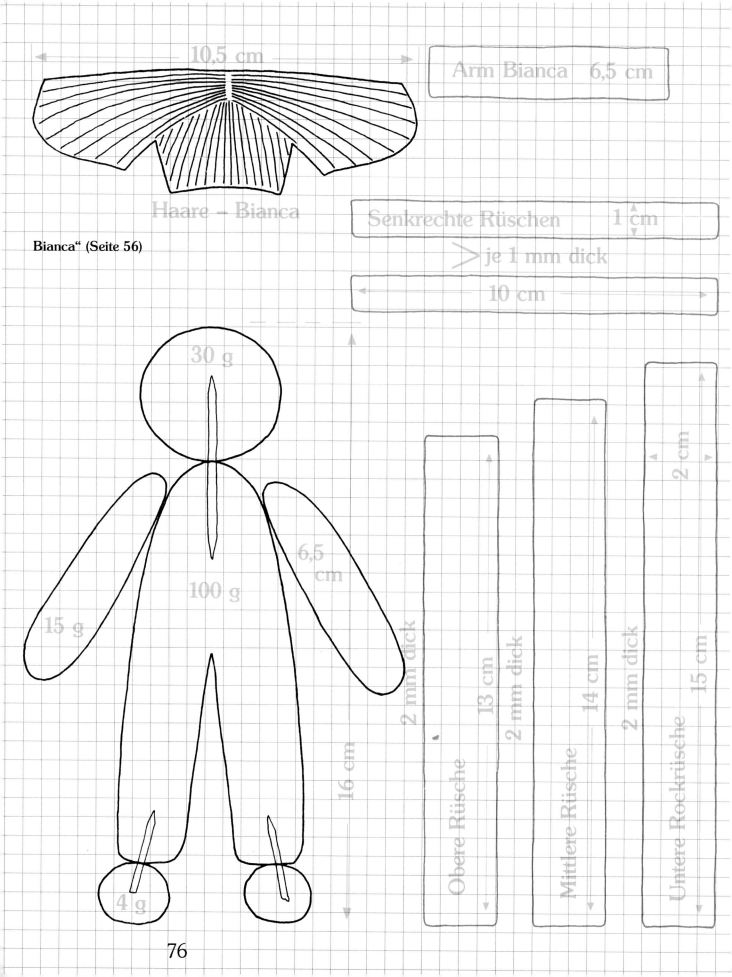

10,5 cm

Arm Bianca   6,5 cm

Haare – Bianca

Bianca" (Seite 56)

Senkrechte Rüschen   1 cm

je 1 mm dick

10 cm

30 g

6,5 cm

15 g

100 g

2 mm dick

16 cm

13 cm

Obere Rüsche

2 mm dick

14 cm

Mittlere Rüsche

2 mm dick

2 cm

15 cm

Untere Rockrüsche

4 g

Bianca

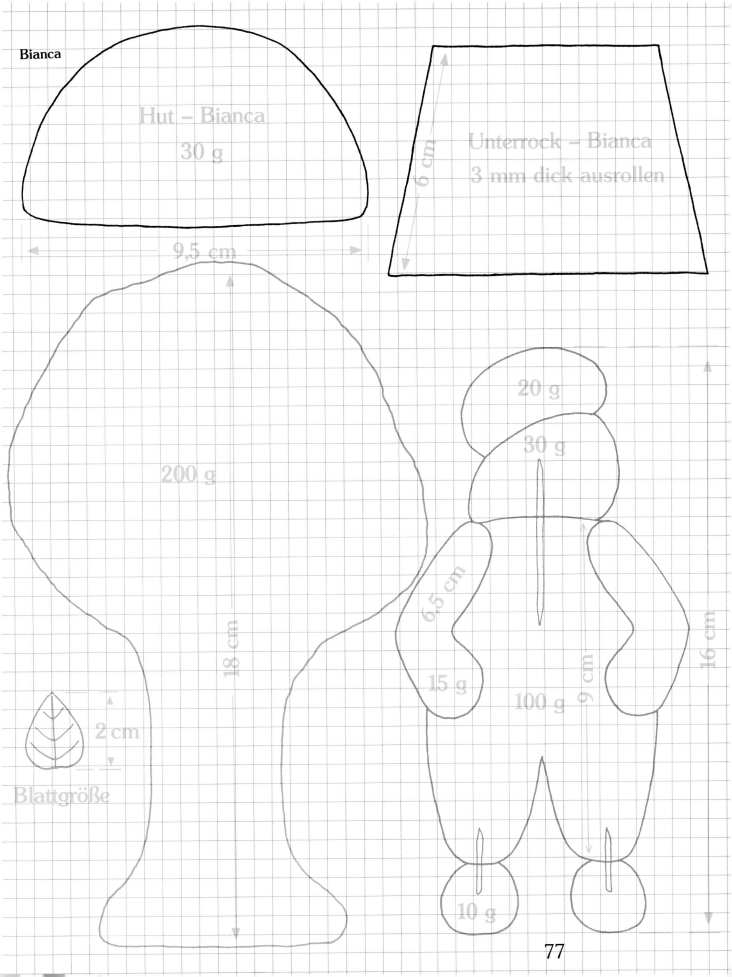

Hut – Bianca

30 g

Unterrock – Bianca

3 mm dick ausrollen

6 cm

9,5 cm

200 g

20 g

30 g

6,5 cm

15 g

100 g

9 cm

16 cm

18 cm

2 cm

Blattgröße

10 g

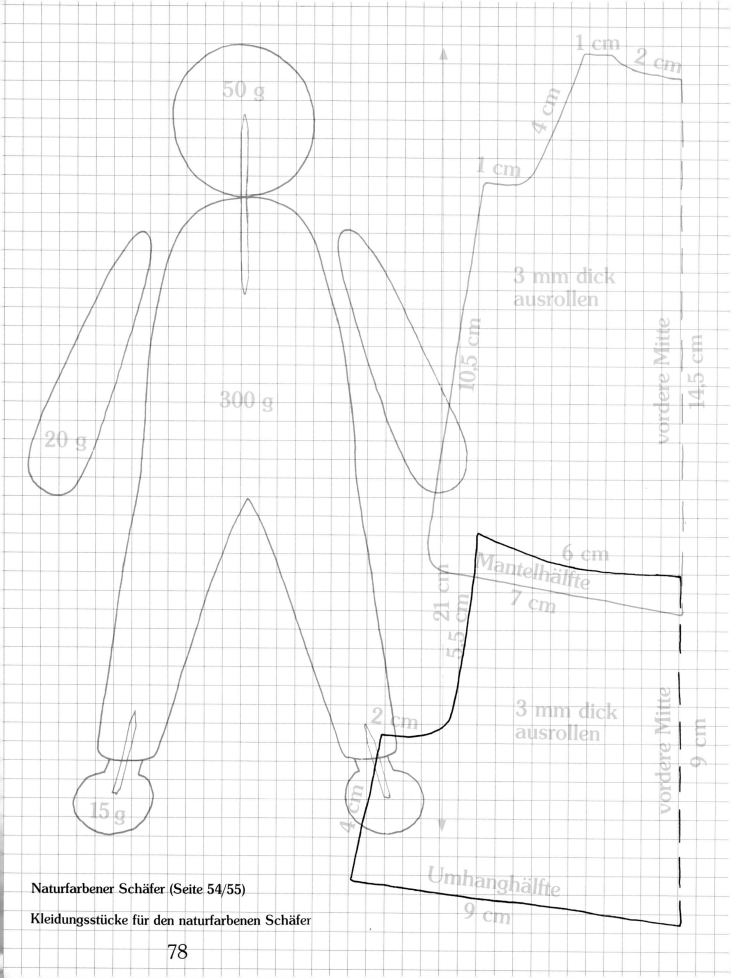

50 g

1 cm

2 cm

4 cm

1 cm

3 mm dick
ausrollen

10,5 cm

vordere Mitte

14,5 cm

300 g

20 g

21 cm

5,5 cm

Mantelhälfte

6 cm

7 cm

3 mm dick
ausrollen

vordere Mitte

9 cm

2 cm

4 cm

15 g

Umhanghälfte

9 cm

Naturfarbener Schäfer (Seite 54/55)

Kleidungsstücke für den naturfarbenen Schäfer

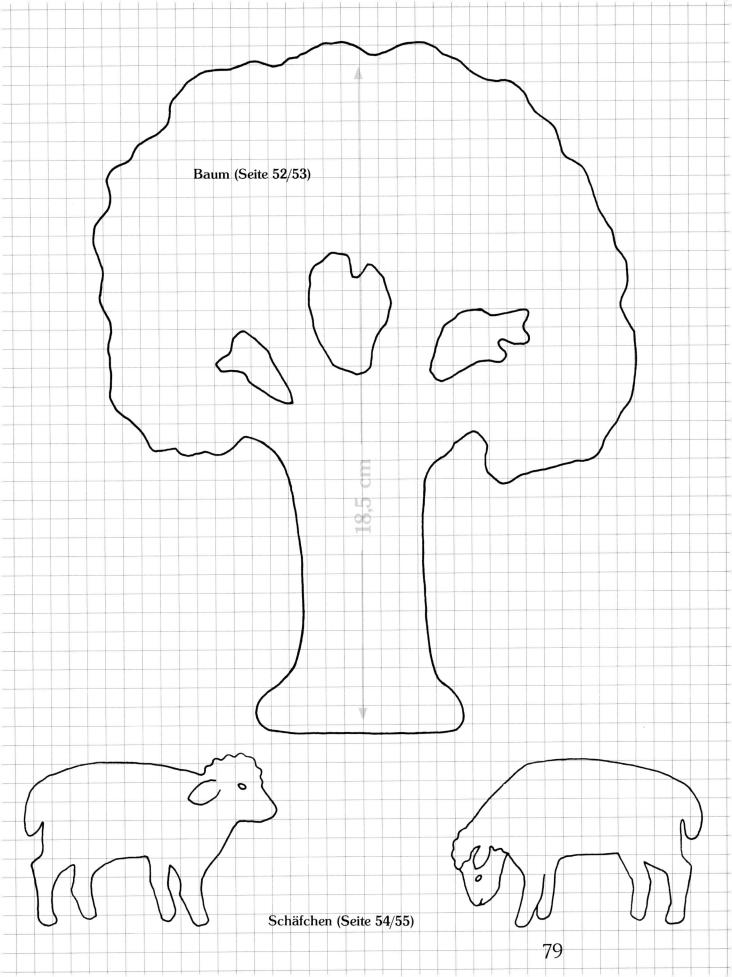

Baum (Seite 52/53)

18,5 cm

Schäfchen (Seite 54/55)

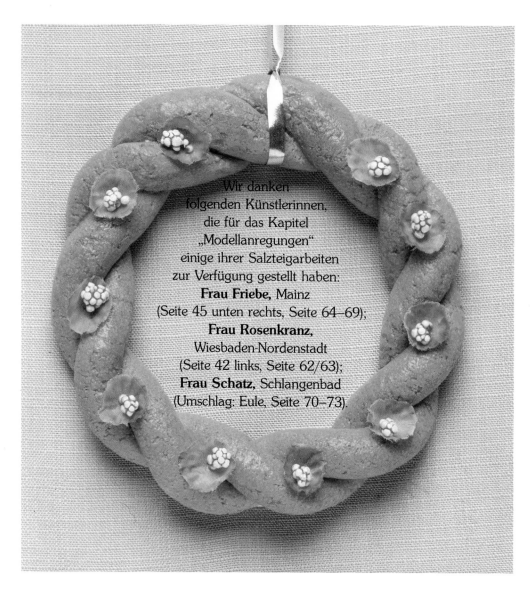

Wir danken
folgenden Künstlerinnen,
die für das Kapitel
„Modellanregungen"
einige ihrer Salzteigarbeiten
zur Verfügung gestellt haben:
Frau Friebe, Mainz
(Seite 45 unten rechts, Seite 64–69);
Frau Rosenkranz,
Wiesbaden-Nordenstadt
(Seite 42 links, Seite 62/63);
Frau Schatz, Schlangenbad
(Umschlag: Eule, Seite 70–73).

CIP-Kurztitelaufnahme der Deutschen Bibliothek

Kiskalt, Isolde:
Hobby Salzteig / Isolde Kiskalt. – Niedernhausen/Ts. :
Falken-Verlag, 1983.
(Falken-Bücherei)
ISBN 3-8068-0662-4

ISBN 3-8068-0662-4
© 1983 by Falken-Verlag GmbH, Niedernhausen/Ts.
Titelbild und Fotos: Fotostudio Burock
Illustrationen: Edith Kuchenmeister
Die Ratschläge in diesem Buch sind von Autor und Verlag sorgfältig erwogen und
geprüft, dennoch kann eine Garantie nicht übernommen werden. Eine Haftung des
Autors bzw. des Verlages und seiner Beauftragten für Personen-, Sach- und Vermö-
gensschäden ist ausgeschlossen.
Satz: MTS Giebitz + Kleber GmbH, Eschborn
Druck: Druckerei Georg Appl, Wemding
817 2635